RECUEIL

DES

USAGES LOCAUX

DU CANTON

DE

BEAUFORT-EN-VALLÉE

(MAINE-ET-LOIRE)

ANGERS

IMPRIMERIE P. LACHÈSE, BELLEUVRE ET DOLBEAU

13, Chaussée Saint-Pierre, 13.

1877

RECUEIL

DES

USAGES LOCAUX

DU CANTON DE BEAUFORT-EN-VALLÉE

RECUEIL

DES

USAGES LOCAUX

DU CANTON

DE

BEAUFORT-EN-VALLÉE

(MAINE-ET-LOIRE)

ANGERS

IMPRIMERIE P. LACHÈSE, BELLEUVRE ET DOLBEAU

13, Chaussée Saint-Pierre, 13.

1877

RÉVISION

DES

USAGES LOCAUX

DU CANTON DE BEAUFORT-EN-VALLÉE

(MAINE-ET-LOIRE)

Réunion de la Commission

La Commission chargée de recueillir et de constater les Usages locaux du Canton de Beaufort, et plus particulièrement ceux intéressant l'Agriculture, s'est réunie sous la présidence de M. Dehau, juge de paix, le dix-neuf février mil huit cent soixante-seize.

M. le Président a fait l'exposé suivant :

Messieurs,

Appelé aux fonctions de Juge de paix de votre canton, au mois de juin 1874, j'ai trouvé un recueil d'usages fait en 1855, qui pouvait parfaitement être appliqué au mode de culture de cette époque; mais lorsqu'en 1874 il me fallut le remettre en vigueur, je fus arrêté par des impossibilités matérielles.

En 1855, deux modes d'assolements étaient pratiqués : l'un biennal et sans repos, applicable à la vallée de l'Authion, l'autre, triennal, avec jachère morte, était celui de tout le reste du Canton. Mais de 1855 à 1874 les progrès en Agriculture se sont faits, la vallée s'est étendue et on ne connait plus nulle part la jachère morte; toutes les terres, qu'elles soient situées dans les vallées ou non, portent constamment des récoltes.

De là découlent de sérieuses conséquences.

Le Juge de paix doit-il encore appliquer la règle de 1855 qui est pour ainsi dire une loi non abrogée, ou doit-il suivre les meilleurs cultivateurs, dans leurs progrès? Les deux modes présentent leurs avantages et leurs inconvénients : Ne pas suivre la règle, c'est tomber dans l'arbitraire, et, d'un autre côté, suivre une règle qui n'est plus pratiquée, c'est entraver l'élan de l'Agriculture et arrêter dans son essort un Canton qui a prouvé tout ce que la bonne culture peut produire sans épuiser le sol.

Ne semblerait-il pas en effet étrange aujourd'hui qu'un fermier ne puisse cultiver chaque année que les deux tiers de ses terres, tandis que son voisin, propriétaire et chez lequel on doit trouver naturellement l'administration du bon père de famille que prescrit la loi, cultive les siennes sans cesse et sans repos ? Ce serait pour ainsi dire obliger le fermier à ne retirer annuellement du sol que les deux tiers de ce qu'il peut produire et restreindre la propriété affermée aux deux tiers de son revenu.

Une règle qui produit de tels résultats a besoin de modifications.

Déjà, je le sais, mes honorables prédécesseurs ne faisaient plus l'application de la règle de 1855 que pour les sorties des fermiers; c'était une amélioration, mais qui, néanmoins, laissait subsister de flagrantes contradictions avec le mode de culture adopté les années précédentes et d'où naissaient des difficultés sans nombre.

En ce qui me concerne personnellement, j'étais résolu à me conformer à l'Agriculture actuelle et à n'accepter que sous toutes réserves les règles qui m'étaient tracées par le recueil de 1855, car je crois que les véritables usages sont ceux qui sont pratiqués généralement; cependant cette manière de faire ne reposant sur aucune règle et n'ayant rien de prévu paraissait tout à fait arbitraire et pouvait ne pas répondre aux intentions des intéressés. Je suppose, en effet, un bail donné aux conditions d'usage et je me demande si les parties ont entendu accepter comme règle l'usage écrit de 1855, le seul recueil existant, ou si elles ont voulu se soumettre à la décision arbitraire du Juge de paix.

Dans l'intérêt de votre Canton, j'ai pensé, Messieurs, que l'on pourrait, de la même façon qu'on établissait en 1855 le recueil de vos usages, les modifier et les rétablir conformément à la culture actuelle.

Je me suis adressé à M. le Préfet auquel j'ai fait connaître la situation et je lui ai demandé de vouloir bien nommer une Commission assez nombreuse pour représenter les intérêts de tout le Canton. Cette Commission a été constituée, sous ma présidence, par arrêté du 20 août 1875 et mission m'a été donnée de prendre toutes les mesures qui me paraîtraient convenables dans l'intérêt de l'opération.

Je regrette, Messieurs, que cette Commission ne soit pas aussi nombreuse que je l'avais demandé, car une responsabilité plus lourde pèse sur chacun de nous; je regrette également les défaillances qui se sont produites parmi les membres nommés et qui ont réduit la Commission à Messieurs :

1° Dehau, juge de paix, Président;
2° De Livonnière, membre du Conseil d'arrondissement;
3° Rogeron, notaire, à Beaufort;
4° Morancé, propriétaire, expert, à Beaufort;
5° Coudrier, adjoint, à Fontaine-Guérin;
6° Riobé, maire de Brion;
7° Leproust, maire de Gée;
8° Maillet, propriétaire, à Mazé;
9° Menou, maire de Corné.

Néanmoins, M. le Préfet et moi, avons pensé que votre dévouement et votre expérience étaient un gage suffisant d'une bonne exécution de ce travail utile et qu'il n'y avait pas lieu de provoquer l'adjonction de nouveaux membres.

En conséquence, j'ai eu l'honneur, Messieurs, de vous réunir déjà plusieurs fois aux dates des 14 et 21 décembre 1875, 6 janvier et 16 février 1876. Vous avez fait choix de M. Riobé comme secrétaire; vous avez mûrement apprécié et discuté les usages de 1855 et proposé les modifications qui pourraient y être apportées, tout en respectant, autant que possible, ces anciens usages qui renferment des chapitres entiers parfaitement en harmonie avec les besoins du jour et auxquels vous ne sauriez toucher qu'en risquant de ne pas exprimer aussi fidèlement la vérité.

Vous avez chargé M. Riobé, votre secrétaire, et moi, de tenir les notes de vos discussions et d'en dresser un recueil; c'est ce travail que nous avons l'honneur de soumettre à votre approbation.

RECUEIL

DES

USAGES LOCAUX

DU CANTON

DE BEAUFORT-EN-VALLÉE

Culture générale.

La culture du canton de Beaufort est variée et se divise en deux catégories distinctes :

Les parties hautes ;

Les parties basses, dites des vallées.

Les produits principaux des parties hautes sont : les céréales, l'élevage et l'engrais des bestiaux ; le chanvre n'y figure que dans une proportion assez restreinte. Dans les vallées au contraire, et particulièrement dans la vallée de l'Authion, les produits principaux sont le chanvre et les céréales cultivés, chaque année, dans une proportion à peu près égale.

En 1855 encore, à l'époque où un recueil d'usages avait été dressé, le mode de culture des parties hautes était tout différent de celui des vallées; mais depuis les deux modes se sont équilibrés, les parties hautes ont suivi l'exemple des vallées et si les produits sont restés différents, l'assolement des terres est devenu le même, c'est-à-dire que partout la jachère morte a été supprimée et que les terres reçoivent sans cesse et sans repos des semences. Chaque catégorie comprend des exploitations plus ou moins importantes composées de bâtiments de ferme avec terres, prés, vignes, bois, taillis et pâtures ou des bâtiments avec des terres seulement. Elles forment les lieux composés et prennent les dénominations de : Métairies, Fermes, Closeries selon leur importance. Il est de ces exploitations qui appartiennent aux deux catégories comme étant composées, partie de terres hautes et partie de terres de vallées.

Les terres, prés, bois et vignes isolés, auxquels ne sont pas joints pour l'exploitation des bâtiments, prennent la dénomination de terres volantes.

Dans quelques parties du canton, il est fait une culture spéciale de jardinage en plein champ. Cette culture a lieu tantôt dans des terres volantes et tantôt dans de petites closeries.

Les usages variant suivant la nature et l'importance des cultures, il y a lieu de faire les distinctions suivantes.

LIEUX COMPOSÉS.

Métairies, Fermes et Closeries.

ASSOLEMENT.

L'assolement triennal des métairies et fermes des parties hautes, tel qu'il se pratiquait autrefois, n'existe plus.

L'assolement biennal et sans repos des terres de la vallée de l'Authion a continué de subsister et s'étend aujourd'hui à toutes les parties du canton, sans exception.

Le fermier d'un lieu composé, qu'il soit situé dans la vallée ou ailleurs, cultive constamment ses terres et n'est astreint à aucune rotation régulière.

Cependant il reste soumis aux prescriptions de la loi et doit jouir de la chose louée en bon père de famille; s'il fait produire beaucoup et souvent au sol, il doit lui rendre dans la même proportion, et ne point arriver à son épuisement. A cet effet les règles suivantes lui sont imposées.

CÉRÉALES.

Le fermier doit chaque année ensemencer en céréales au moins le tiers et jamais plus de la moitié de ses terres labourables.

Les céréales comprennent : le froment, le méteil, le seigle, l'orge, l'avoine, récoltés en grain.

Il lui est formellement interdit de mettre successivement deux céréales dans la même terre, c'est-à-dire deux pailles l'une sur l'autre.

Il ne faut pas considérer comme céréales ou plante portant paille : le mil, le maïs, le blé noir, le sarrazin, les vesceaux et jarosses coupés en vert ou récoltés à graine, le seigle et l'avoine coupés avant floraison pour la nourriture des bestiaux et généralement tous les coupages récoltés en vert ou séchés, à moins que dans ces coupages la plante fourragère ne figure que dans une très-faible proportion, et dans le but de dissimuler une récolte de grain.

Entre deux céréales le fermier peut laisser la terre en repos ou y faire telles cultures que bon lui semblera, telles que chanvre, colza, choux, légumes, prairies artificielles, coupages et plantes fourragères à graines ou en vert, racines ou autres, mais en alternant, c'est-à-dire en ne répétant pas deux fois de suite la même plante.

BESTIAUX.

Pendant sa jouissance le fermier est obligé d'avoir des bestiaux en nombre suffisant pour une bonne exploitation.

Une tête de gros bétail au moins est exigée pour deux hectares de toutes terres.

On entend par gros bétail, les chevaux, les bœufs, les vaches.

Deux veaux de l'année ne comptent que pour une

tête, quatre grands porcs ou quatre moutons représentent aussi une tête de gros bétail.

FUMURE DES TERRES.

Les terres qui ne sont pas mises en repos par des luzernes, sainfoins, gros trèfle doivent être fumées tous les deux ans au moins, en y employant tous les fumiers et engrais de la ferme, tels que : fumiers d'étables, terreaux, cendres, charrées et bogues de chènevis.

Si ces engrais sont insuffisants, le fermier doit les compléter de façon à ce que le fumage soit au moins de dix-huit mètres cubes de bon fumier d'étable par hectare; du double si ce sont des terreaux de cour et de fossés composés de fumier de feuilles et de terre, et d'une valeur égale en argent au fumier d'étable si ce sont des cendres, des charrées ou des engrais artificiels.

Ne sont pas considérés comme fumages suffisants, les végétaux en vert enfouis en terre, quelle qu'en soit la quantité.

Cependant les terres mises en repos pendant plusieurs années, par des prairies artificielles, telles que luzerne, sainfoin et gros trèfle sont dispensées du fumage; mais elles ne doivent produire qu'une seule récolte sans fumage après leur défrichement.

FOURRAGES.

Doivent être consommés sur la ferme ou convertis en engrais les pailles et chaumes, les balles et les bogues de chènevis, les foins naturels prairies artificielles, coupages, plantes et racines fourragères quelconques, telles que choux, navets, betteraves, carottes à vache, les citrouilles, la feuille d'ormeau et tout ce qui, en général, est employé sur la ferme, soit à la nourriture des bestiaux, soit comme engrais.

Il est fait exception pour les pommes de terre, les carottes de jardin, et tous les légumes qui, bien que pouvant être consommés par les bestiaux, sont considérés comme plantes industrielles ou servant à l'alimentation de l'homme et peuvent, en conséquence, être vendues au cours du bail et emportées à sa fin.

Il est admis également pour la dernière année de sa jouissance seulement, que le fermier peut cultiver à son profit exclusif, pour les emporter, des carottes et des betteraves ou autres racines fourragères sur une étendue de un are par hectare de terre labourable; mais s'il en cultive davantage, il doit laisser sur la ferme ce qui n'aura point été consommé avant sa sortie, toujours après prélèvement de la portion qui lui est attribuée ainsi qu'il est dit ci-dessus.

MODE D'EXPLOITATION.

Droits des fermiers qui se succèdent.

PRÉS FAUCHABLES.

Le fermier entre en jouissance des prés le 1er mars qui précède son entrée dans les bâtiments; il les laisse à son successeur, le 1er mars qui précède sa sortie.

Il doit, au cours du bail, les entretenir bien clos, nets de ronces et d'épines et rabattre les taupinières; entretenir les rigoles et fossés d'irrigation ou d'assainissement et les laisser à son successeur en bon état.

Il doit chaque année couper l'herbe en saison convenable, faire le foin et l'amener sur la ferme pour y être consommé.

PATURES.

Il n'entre en jouissance des pâtures ou prés non fauchables qu'au premier novembre; il les laisse à son successeur à la même époque bien clos et nets d'épines.

TERRES.

Il cultive les terres en saisons convenables, sans pouvoir les laisser en friche, il doit les rendre nettes de mauvaises herbes, il peut les labourer en planches ou en sillons à son choix.

Il laisse avant sa sortie une partie des terres à son successeur, savoir :

Dans les fermes des terres hautes au-dessus de six hectares.

Dès le 15 avril qui précède sa sortie, le fermier d'un lieu composé de six hectares et au-dessus, compris dans la catégorie des terres hautes, laisse à son successeur le quart des terres labourables pris dans la qualité moyenne, pour que celui-ci puisse y faire les plantes nécessaires à son entrée, notamment les plantes fourragères.

Dans ce quart sont compris les prairies artificielles à plusieurs coupes encore en rapport, dont les dernières coupes appartiennent à l'entrant, et les grands choux dans lesquels le fermier entrant peut semer des coupages dès le 1er juillet.

Jusque-là les travaux nécessaires à ces choux sont faits par le sortant qui s'en sert jusqu'à la Toussaint, mais qui doit laisser à cette époque à chaque pied six feuilles et le cœur.

Les trois quarts des terres labourables restent au fermier sortant et portent les céréales, le chanvre, les racines et les plantes fourragères qu'il doit consommer sur place avant sa sortie et celles qu'il peut emporter, ainsi qu'il est dit ci-dessus.

Le fermier entrant peut encore disposer à son choix, aussitôt l'enlèvement de la récolte des céréales, de la moitié des terres qui les contenaient; l'autre moitié reste jusqu'à la Toussaint au fermier sortant, soit comme pacage, soit pour y mettre des plantes d'arrière-récolte, telles que navets ou autres qu'il fait consommer avant sa sortie.

Le fermier sortant emploie dans les trois quarts des terres dont il dispose tous les fumiers faits jusqu'à la Saint-Jean.

Le chaume est laissé debout par le sortant et il doit être enlevé par l'entrant avant le 15 août.

Dans les fermes de la vallée de toute grandeur et dans les closeries des terres hautes au-dessous de six hectares.

Les fermiers de ces lieux ne sont pas tenus de laisser de terres libres à leurs successeurs; mais ceux-ci disposent de la totalité des terres qui ont porté les céréales aussitôt l'enlèvement de la récolte.

PRAIRIES ARTIFICIELLES.

Les produits des prairies artificielles doivent comme tous les autres fourrages, être consommés sur la ferme.

La dernière année du bail, la première coupe appartient au fermier sortant et les autres à l'entrant, tout aussi bien dans les petites exploitations et celles de la vallée que dans les grandes.

Le trèfle incarnat ne donnant qu'une coupe appartient au sortant comme coupage; récolté à graines, il n'est pas considéré comme plante portant paille.

Lorsqu'une luzerne est épuisée ou mal entretenue, le fermier entrant peut exiger qu'elle soit défaite par le sortant et que le terrain soit remis en bon état de culture au plus tard pour le 1er novembre; mais il doit l'en prévenir avant le 15 avril. Dans ce cas cette luzerne ne compte plus dans le quart que l fermier des exploitations au-dessus de six hectares doit laisser libre à son successeur et les produits de cette luzerne appartiennent au sortant jusqu'au défrichement.

Le fermier entrant ne peut exiger le défrichement d'une luzerne qui, à dire d'experts, ne serait point épuisée ni mal entretenue.

Les mêmes règles sont applicables aux sainfoins.

Le fermier entrant peut semer des prairies artificielles et des carottes dans les céréales du sortant; pour la totalité, dans les fermes de la Vallée et les petites closeries des terres hautes au-dessous de six hectares, et jusqu'à concurrence de la moitié seulement, dans les grandes exploitations des terres hautes.

FEUILLE D'ORMEAU.

La feuille d'ormeau est considérée comme fourrage et ne peut être enlevée de la ferme. Celle du bois de l'année, dit tendron, ne peut être prise sur l'arbre qu'à partir du quinze septembre, et appartient au fermier entrant. La feuille du bois de deux et de trois ans appartient encore à l'entrant et celle du bois de quatre et cinq ans au sortant.

CHOUX A PLANTER.

Le fermier sortant, en quittant un lieu composé tel quel, doit laisser à la Toussaint à son successeur deux ares soixante-quinze centiares de choux ordinaires par hectare de terre labourable.

Ces choux doivent avoir au moins six feuilles et le cœur; ils doivent recevoir du sortant des façons convenables jusqu'au 1er juillet, époque à laquelle le fermier entrant peut y semer des coupages.

GRANDS CHOUX A DÉTRUIRE.

Le fermier sortant ne peut, après les choux qu'il aurait détruits au printemps et après avoir pris le coupage qui se trouvait dans ces choux, réensemencer le terrain en pommes de terre ou autrement qu'en lui donnant un fumage complet.

COUPE DES BOIS.

Les fermiers coupent les bois émondables du 1er novembre au 1er mars, sauf pour la brosse qui ne peut être coupée qu'après la chute des feuilles, savoir :

Les bois qui ont été aménagés à neuf ans ou à sept ans en coupes régulières, à leur âge ordinaire, sans pouvoir avancer ou retarder les sèves, quelle que soit la durée du bail.

Ceux qui ne font pas partie d'un aménagement régulier sont coupés, savoir :

Les bois blancs, tels que : Saules, Léards, Peupliers, Ormeaux, Erables, etc., à cinq ans.

Dans un bail de neuf ans, le fermier peut avoir deux coupes de bois blancs, l'une à cinq ans, l'autre à quatre ans.

Les bois durs, tels que : Chêne, Frêne, Charme, etc., à sept ans.

Toutes les têtes de souches doivent être couvertes au moins d'une sève à la sortie du fermier.

Les taillis compris dans un aménagement ne sont

coupés qu'à leur âge ordinaire, et à défaut d'aménagement à neuf ans.

Cependant les taillis non aménagés, compris dans un bail de sept ans, sont coupés à sept ans ; mais si le bail est de moins de sept ans, le fermier ne les abat pas et est indemnisé des sèves courues qu'il n'aurait pu prendre.

A chaque coupe des taillis, le fermier laisse trente-six baliveaux par hectare, et il ne peut couper les anciens.

Au plus tard le 15 mai les taillis doivent être débarrassés de leurs produits et les fossés sont curés à vieux fonds et vieux lits.

Le fermier n'a pas droit à l'élagage des arbres à haute tige ; il peut seulement prendre le nettoyage des fruitiers.

Lorsque le fermier, au cours du bail, a retardé des coupes ou si à la fin de ce bail il n'a pas pris celles auxquelles il avait droit, le règlement se fait avec son successeur ou avec le propriétaire, en attribuant à chacun la portion lui revenant d'après les sèves qui lui étaient acquises, sauf les indemnités qui peuvent être dues par le sortant en raison du préjudice qu'il a pu causer en retardant ou en déréglant les coupes.

COUPES DES HAIES, FOSSÉS, CLOTURES.

Le fermier coupe les haies tous les cinq ans, en ayant soin de laisser croître à haute tige les jeunes plants de Chênes, Frênes, Ormeaux et autres qui s'y trouvent.

Il laisse également des épines pour être ployées, notamment sur les chemins, cours et issues.

Toutes les fois qu'il abat les haies, il doit faire le curage des fossés à vieux fonds et vieux lits et les reparées des talus, remettre des plants d'épine où il en manque.

Lorsqu'il existe des fossés sans haie, il doit les curer toutes les fois qu'ils en ont besoin et au moins tous les cinq ans.

Il doit tailler les haies qui ont coutume de l'être, de manière à ce qu'elles ne dépassent pas une hauteur de 1m,50, surtout lorsqu'elles ne sont qu'à 0m,50 du voisin.

Toutes les clôtures en général doivent être laissées en bon état par le fermier sortant, ainsi que les barrières où il y en a toujours eu.

PLANTATIONS.

Lorsque le fermier est obligé à des plantations d'arbres, il doit les faire dans les conditions suivantes :

S'il s'agit d'arbres à fruits, il doit les planter dans des trous de 1m d'ouverture et de 0m,66 de profondeur, les bêcher au pied tous les ans au mois de mars, les greffer de bonnes espèces de fruits, ainsi que tous ceux qui existeraient déjà, lorsqu'ils en seront susceptibles.

Et si ce sont des peupliers, saules ou léards ils

sont plantés à la barre dans les prés humides et sur les bords des cours d'eau, mais, dans des trous de 1m d'ouverture et de 0m,66 de profondeur, avec leurs racines dans les terres et partout où il sera possible de faire des trous.

Tous les jeunes plants, fruitiers ou autres, doivent toujours être armés de tuteurs et d'épines pour les préserver du dommage des bestiaux.

A la fin du bail, il est d'usage d'accorder au fermier sortant une diminution d'un tiers sur le nombre qu'il a dû planter, applicable à ceux qui ont pu périr ou qui auraient été brisés par cas fortuit.

Il doit une indemnité lorsque les plantations ont été retardées.

MAUVAISES HERBES DANS LES TERRES.

Si par négligence le fermier sortant avait laissé pousser de mauvaises herbes dans les terres, il serait tenu à des dommages et intérêts envers son successeur ou envers le propriétaire.

CHAINTRES.

Les chaintres doivent avoir une largueur de 2 mètres à partir des rangées d'arbres qui se trouvent sur les fossés ou formant allées. Et quand ces chaintres servent en même temps d'exploitation à d'autres terres, elles peuvent, si cela est nécessaire, avoir en plus 2m,66 largeur d'un passage de voiture attelée.

Dans tous les cas elles doivent être tenues nettes de ronces et d'épines.

DROITS DU FERMIER ENTRANT AUX BATIMENTS.

Pour faciliter au fermier entrant les travaux qu'il a à faire avant son entrée, le fermier sortant lui doit :

Lorsque les appartements le permettent, une chambre pour y coucher ses travailleurs et une écurie pour y loger ses animaux de travail ;

Et lorsque les appartements sont simples ou forcément occupés par le personnel et les animaux du sortant, droit à la cheminée pour y préparer les aliments et à des places dans les écuries ou sous les hangars pour y loger les animaux de travail.

Il lui doit également la libre disposition des greniers à foin et l'emplacement du chaumier.

PAILLES ET FUMIERS.

Le fermier sortant emploie dans les terres de la ferme tous les fumiers faits jusqu'à la Saint-Jean (24 juin) ; ceux faits postérieurement appartiennent à l'entrant.

Le sortant continue comme par le passé à curer ses étables et il dispose le fumier en masse dans la cour à l'endroit ordinaire.

Lors du battage des grains le sortant met les pailles en barge, mais l'entrant vient terminer la barge et la couvrir.

FOURRAGES ET LITIÈRES A FOURNIR AU SORTANT.

Lorsque les fourrages et litières de l'année précédente sont entièrement consommés, le fermier entrant doit, sur ceux de l'année, en fournir en quantité suffisante au sortant pour la nourriture de ses animaux et pour leur faire de la litière, mais sans que le sortant puisse jamais exiger plus du quart de ceux récoltés sur la ferme.

Le fermier sortant ne peut déplacer de la ferme que les bestiaux nécessaires aux travaux de la nouvelle ferme qu'il a prise et pendant le temps de ces travaux; mais il ne peut y conduire pour leur nourriture aucun des fourrages de celle qu'il va quitter.

RÉPARTITION DES FUMIERS ENTRE UN LIEU COMPOSÉ ET LES TERRES VOLANTES.

Lorsque le fermier sortant d'un lieu composé a joui pendant son bail de terres volantes dont il a apporté chaque année sur le lieu les pailles, chaumes et fourrages en provenant, il est fait les distinctions suivantes :

S'il a fumé les terres volantes dès la première année avec les engrais de la ferme, il ne peut plus les fumer pour leur dernière récolte.

Si, au contraire, il ne les a pas fumées la première année ni la dernière, il a droit à une part proportionnelle des fumiers faits avec les fourrages de l'année précédente, calculée sur la contenance des terres labourables de la ferme et celle des terres volantes.

Il emporte dans tous les cas les pailles, chaumes et fourrages provenant de la dernière récolte des dites terres volantes.

CONSTRUCTIONS ÉLEVÉES PAR LE FERMIER.

Le fermier qui a élevé des constructions sur le lieu à lui loué sans y avoir été autorisé a droit, si le propriétaire veut conserver ces constructions, à une indemnité réglée conformément aux prescriptions de l'art. 555, 3e § du Code civil.

Dans le cas où le propriétaire ne les conserverait pas, il peut les enlever en remettant les lieux dans leur état primitif.

DROITS DU PROPRIÉTAIRE.

Le propriétaire peut, en tout temps, circuler sur la ferme, il peut la faire visiter par qui bon lui semble dans le but de la vendre ou de trouver un nouveau fermier.

Le droit de chasse et de pêche lui est réservé.

Il peut en tous temps abattre les arbres à haute tige, autres que les fruitiers, et tous arbres quelconques sur lesquels le fermier n'a plus rien à prendre, sans autre indemnité que la réparation du dommage qui pourrait lui être causé par l'abat et l'enlèvement des bois.

SORTIE DU FERMIER.

La sortie du fermier étant de Toussaint (1er novembre) il doit laisser à son successeur tous les bâtiments libres le 2 à midi et lui remettre les clefs.

Il doit également lui laisser apporter ses mobiliers dès le jour de Toussaint au matin pour le commencement et par conséquent lui laisser libres quelques appartements pour faciliter son aménagement.

RÉPARATIONS LOCATIVES A FAIRE AUX BATIMENTS.

Le fermier doit, pour le jour de sa sortie, avoir fait aux bâtiments du lieu qu'il quitte les réparations locatives.

Ces réparations consistent en :

1° Les enduits dans l'intérieur des bâtiments à 1m de hauteur, et dans les écuries et étables, à hauteur des cornes des bœufs ou des vaches.

2° La mise en bon état et l'entretien des foyers, âtres, contre-cœurs des cheminées, appuis des fours, carrelages de ceux-ci et des appartements qui, à la sortie, doivent tenir à chaux et à sable et chaque carreau avoir ses quatre coins.

3° L'entretien des vitres, des croisées et des impostes, à moins que les fêlures et brisures ne proviennent de tassements ou de gonflement des bois, du manque de mastic, ou des pointes, ou de cas fortuit.

4° L'entretien des carrelages ou pavages des toits à porcs, des auges à cochons fournies par le propriétaire, une par chaque toit à porcs, des mangeoires, crèches, rateaux des étables.

5° Les portes, croisées et volets doivent être ouvrants et fermants avec clefs, serrures, loquets et ferrures où il doit y en avoir.

6° L'entretien et la mise en bon état des couettes des greniers non carrelés et des terrasses couchées.

7° Le nivellement des appartements non carrelés et des étables et écuries jusqu'à la hauteur des seuils et celui des cours et des fosses à fumier.

La terre dont le fermier a besoin pour ce travail est prise sur les lieux.

LIEUX MIXTES.

Les lieux mixtes, c'est-à-dire ceux qui sont composés : partie de terres hautes et partie de terres de vallée, sont assimilés entièrement aux règles établies pour les terres hautes, lorsque celles-ci y sont en plus grande étendue ; et à la culture de la vallée quand les terres basses à chanvre y dominent.

Terres volantes.

On appelle ainsi les terres exploitées à part et qui ne dépendent pas d'un corps de ferme.

Elles sont assujetties au même assolement que celles des lieux composés et peuvent porter semence chaque année sans repos. Il y est fait ordinairement trois récoltes en deux ans, dont deux récoltes principales (blé et chanvre), et une récolte intercalaire comme racines ou fourrages.

Elles peuvent en entier recevoir la même semence dans une année; mais les cultures doivent y être alternées de façon que deux pailles ne puissent se succéder.

Elles doivent être fumées tous les deux ans dans les mêmes proportions que les terres des lieux composés.

Généralement le fermier ne trouve pas à son entrée les pailles, chaumes et fourrages; il emporte tout à sa sortie, et ne doit les laisser que lorsqu'il les a reçus.

Si l'année de son entrée en jouissance la terre est en céréales, il en dispose aussitôt l'enlèvement du chaume, pour y semer des navets ou coupages et il la laisse de même à son successeur si l'année de sa sortie elle est ensemencée en céréales.

Le chaume doit être enlevé par le sortant avant le 15 août.

Le fermier sortant ne peut rien semer dans le chanvre ou dans ses récoltes tardives qui puisse empêcher les travaux préparatoires de l'ensemencé suivant; car il ferait ainsi plus de trois récoltes en deux ans, ce qui lui est interdit en fin de bail.

La dernière année du bail, lorsqu'une terre volante est en luzerne ou sainfoin, le fermier sortant en fait toutes les coupes jusqu'à la Toussaint et le fermier entrant ne peut le contraindre au défrichement qu'autant que la luzerne ou le sainfoin serait épuisé ou aurait été mal entretenu, comme il est dit pour les lieux composés.

Après défrichement au cours du bail, le fermier ne peut faire qu'une seule récolte sans fumage.

Culture maraîchère.

Les terres spécialement affectées à la culture maraîchère comme elle se pratique le plus spécialement à Mazé, sont constamment cultivées et portent souvent plusieurs récoltes à la fois.

Le fermier peut au cours du bail et même l'année de sa sortie y faire autant de récoltes qu'il veut jusqu'à la Toussaint; mais il est tenu de fumer chaque année à raison de 18 mètres cubes de bon fumier d'étable par hectare.

JARDINS.

Les locataires de jardins isolés ou joints à des habitations doivent les tenir en bon état sans en changer la nature.

Ils doivent les fumer convenablement, tailler les arbres fruitiers, treilles et arbustes chaque année.

Ils peuvent, à la fin des baux, enlever les rosiers, fleurs et arbustes d'agrément qu'ils auraient plantés en pleine terre, à moins que le propriétaire ne veuille les conserver moyennant indemnité fixée à l'amiable ou à dire d'expert.

Les jardiniers pépiniéristes ou fleuristes ont, par exception, la faculté de disposer à leur gré des plantes destinées à la vente, dont ils auraient garni les jardins.

Quant aux arbres fruitiers et aux grands arbres d'agrément et d'ornement plantés à demeure, les locataires ne peuvent ni les enlever, ni les détruire, quand même ils les auraient plantés.

Vignes volantes ou faisant partie d'un lieu composé.

FAÇONS A DONNER AUX VIGNES.

Le fermier ne doit pas tailler les vignes à long bois; deux boutons et celui nommé poil, forment la longueur à laisser à chaque brin.

Il ne peut être laissé plus de soixante dagues ou archets par hectare (terme local qui signifie une certaine longueur de bois que le vigneron laisse et qu'il recourbe plus tard vers le cep auquel il l'attache pour obtenir plus de fruits).

Ces dagues ne peuvent avoir plus de six ou sept boutons; elles doivent être laissées vers le milieu du cep et non en tête ou en bas, ce serait trop l'altérer et compromettre la taille de l'année suivante.

Les vignes doivent être bêchées en mottes en mars ou avril; un autre travail se fait ensuite, il consiste à *éjavouiller* (terme du pays qui signifie enlever les branches poussées sur le bas du cep, reconnues inutiles et altérantes), puis un peu plus tard il faut rabattre les mottes de manière que la terre soit à plat.

Il faut faire des provins partout où il y a du bois propre à cet effet, au nombre de soixante-dix à soixante-quinze par hectare, fumer avec du terreau, de la bruyère, des ajoncs ou du chaume.

Il y a encore quelques façons à faire aux vignes à échalas. Ces façons consistent à placer ces échalas et à y attacher les ceps en saison convenable.

A sa sortie le fermier doit rendre ces échalas en bon état et en nombre suffisant.

Bien que cet ancien usage ait été conservé comme règle du pays, il ne peut plus être appliqué dans tous les cas et il est aujourd'hui une grande quantité de vignes qui sont traitées autrement.

Le fermier des vignes nouvelles, établies par le propriétaire, doit suivre le mode de culture adopté avant sa jouissance et les rendre dans l'état où il les a reçues.

Il est admis notamment pour règle que le travail avec les instruments aratoires, partout où il est praticable, peut être substitué au travail à bras.

Le fermier d'une vigne doit entretenir toutes les clôtures comme il le fait pour les autres héritages ruraux.

PRÉS SOUMIS AU PARCOURS.

Les prés dont la première herbe appartient au propriétaire du fond, mais dont le regain appartient aux communes ou aux usagers, doivent être coupés aussitôt la maturité de la première herbe.

Dans les quinze jours qui suivent la coupe de l'herbe pour les prés qui se coupent après le 1er juillet et dans le mois pour ceux qui se coupent avant cette époque, le propriétaire peut y conduire des engrais qu'il étend de suite, de façon à ne pas nuire à la pousse du regain.

Le foin est enlevé des prés au plus tard le 15 août. Après cette époque, les administrations municipales fixent par des arrêtés, l'entrée en jouissance des prés pour les usagers.

DURÉE DES BAUX.

Conformément aux prescriptions de l'art. 1774 du Code civil, le bail sans écrit d'un fonds rural est censé fait dans le canton de Beaufort, savoir :

Celui d'une vigne, d'un pré, d'une terre destinée à la culture maraîchère, dont les produits se recueillent en entier dans le cours de l'année, pour un an seulement.

Celui des lieux composés et des terres volantes où l'*assolement* est biennal, avec un fumage unique pour deux récoltes principales, pour deux ans.

Toutefois, la jouissance par tacite reconduction à la suite d'un bail écrit, dont la durée était divisible par périodes ternaires, se continuera également par périodes de trois années.

Le bail des bois taillis dont les coupes se font, soit à sept, soit à neuf ans, sera censé fait pour sept ou neuf ans, à partir de la dernière coupe.

Le bail d'un pré commence le 1er mars;

Celui d'un taillis le 15 avril, époque où il doit être débarrassé de la coupe;

Et les baux des autres héritages ruraux, à partir du 1er novembre.

BAIL A COLONIE PARTIAIRE.

Le bail à colonie partiaire ou à moitié fruits est un contrat par lequel le propriétaire d'un fonds rural, le donne à cultiver à une autre personne sous la condition que les fruits naturels et industriels seront partagés par moitié.

C'est une espèce de société d'exploitation à frais et profits communs où l'un des associés (le propriétaire) fournit le sol et les bâtiments et paie une partie des dépenses; l'autre (le fermier) apporte, avec les instruments aratoires, son travail et son industrie.

Des exceptions aux règles des baux à ferme sont applicables aux baux à moitié et sont tracées par les articles 1763, 1764 et 1771 du code civil.

Le principe de ce bail est que tous les produits

sont à moitié, comme les dépenses sont toutes aussi supportées par moitié sauf diverses modifications ci-après mentionnées.

Ce genre d'affermement est peu usité dans le canton de Beaufort, cependant il y existe quelques baux à moitié.

Sous les différents mots ci-après se trouvent établis les usages généralement pratiqués.

Culture. — Le colon est astreint à toutes les règles de culture établies pour les baux à ferme.

Entretien des héritages. — Il entretient les héritages et les rend en bon état de réparations locatives comme les autres fermiers.

Travaux de culture et de récolte. — Il fait seul tous les travaux de culture et de récolte; le propriétaire reçoit sa moitié nette de tous frais.

Direction de l'exploitation. — C'est le propriétaire qui dirige et le colon qui exécute, tant pour l'exploitation que pour l'achat et la vente des animaux.

Bestiaux et animaux. — Ils sont fournis moitié par moitié, achetés et vendus en commun. Ils ne peuvent être achetés ou vendus à l'insu du propriétaire, ni même, s'il l'exige, hors sa présence. En fin de bail, ils se partagent par la voie du sort ou sont vendus en commun.

Les animaux de travail ne peuvent être employés qu'aux travaux de la ferme.

Instruments aratoires. — Ils sont fournis et entretenus par le colon seul.

Semences. — Elles sont fournies par moitié. La qualité est au choix du propriétaire.

Produits de basse-cour, lait, beurre, volailles, œufs. — Le plus généralement le colon prend la consommation des gens de la ferme et le surplus est partagé ou vendu en commun.

Cependant, souvent aussi ces produits sont abandonnés au colon et les droits du propriétaire sont convertis en subsides, alors aussi le propriétaire ne fournit pas la moitié des volailles.

Vins et cidres. — Il est prélevé pour le colon ce qui est nécessaire pour la consommation des gens de la ferme, le surplus est partagé.

Légumes et fruits. — Le colon dispose seul d'un jardin qui lui est indiqué par le propriétaire et s'il n'y trouve pas les légumes et les fruits nécessaires à la consommation des gens de la ferme, il prend ailleurs ce qui lui manque; le surplus se partage ou est vendu en commun.

Abeilles. — Elles appartiennent au colon, à moins qu'elles n'aient été mises comme immeubles par destination sur le lieu, auquel cas les ruches mères restent au propriétaire en même nombre que celles qu'il a mises; le surplus et les produits se partagent par moitié.

Récoltes. — Tous les frais sont faits par le colon.

Le partage a lieu dans l'aire et le colon conduit la part du propriétaire, soit dans un grenier spécial, soit à son domicile dans le canton, soit au marché le plus voisin, le tout au choix du propriétaire.

Ce transport à domicile ou au marché n'a lieu que quand le colon a cheval ou bestiaux d'attelage.

Chanvre. — Le rouissage et le teillage du chanvre sont considérés comme frais de récolte et sont au compte du colon.

Fourniture de grains et arrêts. — Les grains, farines, son, tourtes et généralement tout ce qui est nécessaire à la nourriture des animaux sont pris sur les produits communs de la ferme, et, en cas d'insuffisance, payés par moitié. Le colon emploie en sus tout le son provenant de sa poche, c'est-à-dire du grain consommé par les gens de la ferme.

Engrais. — Les engrais étrangers à ceux produits par la ferme sont achetés en commun et transportés par le colon.

Foires et marchés. — Les frais de conduite des bestiaux et autres produits aux foires et marchés sont à la charge du colon seul. Cependant il est d'usage de lui laisser prélever sur le produit de la vente, à titre d'aiguillettes, trois francs par tête de gros bétail vendue.

Droits de péage. — Les droits d'octroi et de péage sur les places sont supportés par moitié.

Impôts. — L'impôt foncier est payé par moitié; la cote personnelle et mobilière par le colon.

Prestations. — Les prestations sont faites par le colon avec le personnel et les bestiaux de la ferme.

Maréchaux. — Le ferrage des bœufs et des chevaux est payé par moitié. L'entretien et les réparations des instruments aratoires sont à la charge du colon.

Saillies. — Les saillies des animaux reproducteurs se paient par moitié.

Taupier. — Le taupier est payé par moitié.

Vétérinaires et médicaments. — Les honoraires du vétérinaire et les médicaments fournis pour les animaux sont payés par moitié.

Partage des produits et paiement des dépenses. — Le partage des produits communs se fait au fur et à mesure qu'ils se réalisent et les dépenses se règlent aussitôt qu'elles sont faites.

MOULINS.

Le bail d'un moulin à eau ou d'un moulin à vent part du 1er novembre et quelquefois, pour l'usine seulement, du 24 juin.

Lorsqu'il est joint à l'usine une exploitation agricole, toutes les conditions de culture et d'entretien des lieux composés sont applicables.

Le fermier doit, en outre, le bon entretien des tournants, virants et travaillants (meules, rouages, agrès et accessoires de l'usine).

A l'entrée il est fait un échantillonnage ou première estimation et à la sortie une seconde, et la différence entre les deux échantillonnages, en amélioration ou détérioration, est attribuée au sortant.

Le fermier doit, en outre, l'entretien des vannes ou portes du canal moteur et des digues.

Le propriétaire d'un moulin doit curer sa part du ruisseau sur lequel est établi le moulin, plus 100^{m} en amont et 100^{m} en aval des pelles ou barrages faits sur le ruisseau pour élever les eaux dans l'intérêt du moulin.

Mais le fauchage des herbes et le simple nettoyage doit être fait par le fermier chaque année.

Locations urbaines.

Les locations urbaines d'après les usages comprennent les maisons des villes, bourgs, villages, hameaux, etc., avec leurs jardins d'agrément et généralement toutes celles destinées spécialement aux habitations et non aux exploitations agricoles.

On considère comme habitation urbaine celle à laquelle il n'est pas joint en sus du jardin potager ou d'agrément au moins 11 ares de terre.

Les baux partent de la Saint-Jean (24 juin) pour toutes les habitations de la ville de Beaufort renfermant sa population agglomérée. Partout ailleurs ils partent du 1er novembre.

Les locataires sont obligés aux mêmes réparations locatives que celles indiquées pour les bâtiments des biens ruraux.

Le locataire a jusqu'au lendemain, à midi, du jour de l'expiration de son bail pour remettre les clés à son successeur auquel il doit faciliter l'entrée de ses meubles dès le jour de l'expiration du bail.

Le propriétaire a toujours le droit de faire voir sa maison pour obtenir un nouveau locataire.

IMPOTS.

A défaut de stipulation contraire, l'impôt foncier seul est toujours à la charge du propriètaire, tant pour les biens ruraux que pour les biens urbains.

L'impôt des portes et fenêtres et les charges locales sont à la charge des fermiers et locataires.

CONGÉS.

§ Ier. — Biens ruraux.

Les règles du congé pour les biens ruraux découlent des art. 1736, 1737, 1774, 1775, 1776 du Code civil, ainsi conçus :

Règles communes aux baux des maisons et des biens ruraux.

ART. 1736. — Si le bail a été fait sans écrit, l'une des parties ne pourra donner congé à l'autre qu'en observant les délais fixés par l'usage des lieux.

ART. 1737. — Le bail cesse de plein droit à l'expiration du terme fixé, lorsqu'il a été fait par écrit, sans qu'il soit nécessaire de donner congé.

Règles particulières aux baux à ferme.

ART. 1774. — Le bail sans écrit d'un fonds rural est censé fait pour le temps qui est nécessaire afin que le preneur recueille tous les fruits de l'héritage affermé.

Ainsi le bail à ferme d'un pré, d'une vigne et de tout autre fonds dont les fruits se recueillent en entier dans le cours de l'année est censé fait pour un an.

Le bail des terres labourables, lorsqu'elles se divisent par soles ou saisons, est censé fait pour autant d'années qu'il y a de soles.

ART. 1775. — Le bail des héritages ruraux quoique fait sans écrit cesse de plein droit à l'expiration du temps pour lequel il est censé fait, selon l'article précédent.

ART. 1776. — Si à l'expiration des baux ruraux écrits, le preneur reste et est laissé en possession, il s'opère un nouveau bail dont l'effet est réglé par l'article 1774.

Il paraît résulter de ces articles qu'il n'y a pas lieu de donner congé :

1° *Lorsque le bail est écrit;*

2° *Quand il est verbal, dans les conditions de l'article* 1774 *;*

3° *Et enfin lorsqu'il existe par tacite reconduction, puisqu'il est encore régi par l'article* 1774 *;*

Et que si un congé est donné dans le but d'éviter la tacite reconduction prévue par l'article 1776, ce congé est facultatif et ne saurait être astreint à aucun délai.

Il suffit qu'il soit donné avant que la tacite reconduction ne se soit opérée par les deux conditions exigées; c'est-à-dire : Que le fermier soit resté et ait été laissé en possession.

Dans les cas où le congé est rendu obligatoire

par le bail, il doit être donné conformément à l'article 1736, dans les délais fixés par l'usage.

Il a toujours été d'usage dans ce canton de le donner, savoir :

Six mois à l'avance pour les fermes au-dessous de deux cents francs.

Un an à l'avance pour les fermes de deux cents francs et au-dessus.

§ II. — Biens urbains.

Quant aux biens urbains comprenant comme on l'a dit : les maisons des villes, des bourgs, des villages, des hameaux et généralement toute habitation ne servant pas à une exploitation agricole, le congé est obligatoire lorsque le bail est verbal ou conditionné, et il doit être notifié, savoir :

A la ville de Beaufort et à la campagne. — Pour une location de 200 fr. et au-dessus, un an à l'avance.

A la ville seulement. — Pour une location de 100 fr. à 199 fr. inclusivement, six mois d'avance.

A la ville seulement. — Pour une location de 99 fr. et au-dessous, trois mois d'avance.

A la campagne. — Pour une location de plus de 100 fr., un an d'avance.

A la campagne. — Pour une location de 100 fr. et au-dessous, six mois d'avance.

Pour les biens ruraux comme pour les biens urbains, il y a lieu pour déterminer le prix de ferme ou de loyer, d'ajouter l'impôt foncier et les charges imposées au fermier en sus du prix.

PASSAGES.

Lorsque la largeur des passages n'est pas déterminée par les actes constitutifs de la servitude, il est d'usage d'accorder :

Pour un passage :

Avec voiture attelée	2m,66
Dans les anfractuosités	5m,32
A pied seulement	» 82
A pied et à cheval chargé	1m,66
Avec civière ou brouette.	1m,66
Pour mener et ramener des bestiaux. . .	1m,66
Pour aller à un puits ou à une fontaine. .	1m,33

DOMESTIQUES

Les domestiques se gagent ordinairement pour une année qui commence le jour de Saint-Jean (24 juin).

Le temps du gage finit le 24 juin quelle que soit l'entrée du domestique, à moins de convention contraire.

Il est donné par le maître au domestique qu'il gage des arrhes ou denier à Dieu qui varient de 5 à 10 francs.

Tout engagement n'est qu'un projet quand les arrhes n'ont pas été données, et chacune des parties peut le rompre à volonté jusqu'à l'entrée du domestique chez le maître.

Ces arrhes sont ordinairement en sus des gages convenus, à moins de convention contraire.

En cas de difficultés elles entrent néanmoins dans le calcul des indemnités qui seront ci-après fixées pour divers cas qui seront expliqués.

Indemnités dues par le domestique.

Le domestique peut se dédire après avoir reçu les arrhes, mais il faut qu'il n'ait pas quitté le maître alors qu'ils étaient en marché ; il remet ce qu'il a reçu.

Lorsque les parties se sont séparées et que le domestique ne veut plus servir, il a jusqu'au 23 mai, inclusivement, pour remettre les arrhes doubles de celles qu'il a reçues.

Après cette époque il devrait pour indemnité au maître, le tiers de la somme qu'il aurait gagnée dans l'année en allant chez lui, y compris les arrhes par lui reçues.

Ces dommages et intérêts sont pour indemniser le maître du tort qui lui est causé en le mettant souvent à l'impossibilité de se procurer un bon domestique.

Dans le cas où le domestique une fois entré chez le maître voudrait le quitter sans motifs raisonnables il devrait les indemnités suivantes :

Si sa sortie a lieu avant le 24 juillet, il perd ses gages courus jusqu'au jour de sa sortie et paie en outre au maître le tiers de la somme qu'il aurait gagnée dans l'année, y compris les arrhes.

Si, au contraire, la sortie n'a lieu que le 24 juillet ou plus tard, le maître paie au domestique les gages courus et il reçoit de celui-ci pour indemnité le tiers de ceux que produirait le temps restant à courir.

Dans tous les cas les arrhes s'ajoutent aux gages pour le calcul.

Indemnités dues par le maître.

Les mêmes indemnités sont dues au domestique dans le cas où ce serait le maître qui n'exécuterait pas ses promesses, à moins que le renvoi ne fût fondé sur des causes raisonnables.

Domestiques ruraux, domestiques personnels.

Les mêmes règles, sauf ce qui sera dit ci-après, en cas de décès du maître, sont applicables aux domestiques personnels, c'est-à-dire à ceux qui sont attachés au service des personnes, tout aussi bien qu'aux domestiques ruraux ; c'est-à-dire à ceux qui sont attachés aux exploitations agricoles.

Excuses non admissibles du domestique.

Le domestique n'est pas admis à donner pour excuses : qu'il veut s'engager, se marier, prendre un état, rentrer chez son ancien maître, rentrer chez ses parents ou ne vouloir plus servir.

Excuses non admissibles du maître.

Le maître ne peut pas être admis à faire valoir : qu'il n'a plus besoin de domestique.

Décès du maître.

En cas de décès du maître il y a lieu de distinguer si le domestique est domestique rural ou domestique personnel.

Si le domestique est attaché à une exploitation rurale, les engagements continuent entre les héritiers du maître et le domestique et ne peuvent se résoudre que moyennant les indemnités ci-dessus fixées.

Si au contraire le domestique était spécialement attaché à la personne du maître, les héritiers de celui-ci ne peuvent l'envoyer qu'en lui payant l'indemnité ; mais le domestique peut les quitter sans payer d'indemnités et en recevant le temps couru de ses gages jusqu'à sa sortie.

Appel du domestique à l'armée.

Si le domestique était appelé sous les drapeaux comme faisant partie du contingent de l'armée, il n'aurait aucune indemnité à payer au maître et recevrait la portion de ses gages courue jusqu'à son départ.

Obligations du domestique.

Le domestique est obligé de faire les travaux auxquels le maître veut l'employer, toutefois selon ses forces, à moins qu'il ne se soit gagé pour un service spécial.

Mauvaise santé du domestique.

Si la santé du domestique était devenue mauvaise, il pourrait, après en avoir fait la preuve par un certificat d'un médecin, quitter son maître sans être obligé de payer l'indemnité.

La même faculté serait accordée au maître, dont le domestique, pour cause de maladie serait hors d'état de faire le service pour lequel il aurait été gagé.

Inconduite du domestique.

Si par l'inconduite du domestique ou le défaut d'accomplissement de ses obligations, le maître se voyait forcé de le renvoyer, il pourrait réclamer de celui-ci une indemnité comme il est dit ci-dessus.

Entrée le 25 juin. — Emploi du temps.

Le domestique peut n'entrer chez son maître que le 25 juin au coucher du soleil.

Il doit l'emploi de tout son temps à son maître; les dimanches et fêtes reconnues et conservées il n'est tenu qu'aux soins des bestiaux et du ménage, à l'exception de l'époque des récoltes où il doit employer son temps ces jours-là comme les autres à tous travaux nécessaires pour la mise en sûreté des récoltes.

Heures de rentrée du domestique.

Si les jours de dimanches et fêtes, le domestique après l'accomplissement de ses obligations, veut aller, soit à ses affaires, soit à ses plaisirs, il doit rentrer chez son maître, au plus tard à 10 heures du soir, depuis le 1er avril jusqu'au 30 septembre, et à 9 heures depuis le 1er octobre jusqu'au 31 mars. Il doit aussi se présenter pour les repas, autrement il ne pourrait exiger qu'un repas particulier lui soit servi. Ses sorties ne peuvent avoir lieu dans tous les cas que sur l'autorisation du maître.

Travail le jour de la sortie.

Lorsque le domestique quitte son maître le jour de Saint-Jean (24 juin) il doit avant sa sortie faire les travaux du matin auxquels il était ordinairement tenu.

Gages partie en argent et partie en toile.

Les gages du domestique sont très-souvent, notamment pour les filles de la campagne, partie en argent et partie en toile de façon ayant reçu une lessive. Si le maître, à la sortie du domestique, ne pouvait livrer la toile, ne l'ayant pas, et si celui-ci ne voulait pas attendre qu'elle fût faite, le maître serait tenu de la payer 2 fr. les 120 centimètres.

Exigibilité des gages.

Les gages ne sont exigibles qu'à la fin de l'année; mais ils le sont de suite si le domestique quitte le maître sur l'année pour une cause quelconque.

Journées perdues.

Si le domestique a perdu des journées pour cause de maladie, il doit tenir compte à son maître de la perte de son temps sur le pied de son salaire annuel; mais si c'est pour tout autre cause il doit lui tenir compte des sommes par lui déboursées pour payer les ouvriers employés à son remplacement.

Père, mère et tuteur.

Le père, la mère ou le tuteur qui veulent toucher les gages du domestique mineur, sont tenus de pourvoir à son entretien; s'ils ne le faisaient pas, ils seraient obligés de tenir compte au maître des sommes par lui dépensées pour l'entretien de son domestique mais seulement lorsqu'elles l'auraient été dans une limite juste et raisonnable.

Enfants chez leur père et mère.

Les enfants qui restent chez leur père et mère et les servent comme s'ils étaient leurs domestiques, n'ont point droit de réclamer d'eux ou de leurs héritiers des gages à raison de leur service dans la maison paternelle à moins de conventions contraires qui doivent toujours être prouvées.

Usages divers.

FOSSÉS.

Celui qui veut ouvrir un fossé le long de la propriété de son voisin, doit laisser un petit espace que l'on nomme lit de $0^m,165$.

Le fossé ne doit jamais être ouvert perpendiculairement du côté du voisin, mais avec une inclinaison de 45 degrés.

Autrefois le lit devait être de $0^m,33$ dans les terres légères; mais aujourd'hui cette largeur n'est plus usitée.

CHOUX, COLZAS, PLANTES A GRAINES, DISTANCE DU VOISIN.

Les choux à vache, les colzas et les plantes à graines telles que navets, betteraves, carottes, choux de toute espèce et généralement toutes plantes qui laissées à graines s'étendent par leurs rameaux, ne peuvent être plantées qu'à 0m,50 du voisin, afin que leurs rameaux ne puissent s'étendre sur le terrain de celui-ci.

DISTANCE POUR PLANTER LA VIGNE.

Lorsque l'on veut planter de la vigne, il faut laisser une distance de 0m,50 entre le premier rang et le terrain du voisin, de manière qu'il puisse être établi dans le terrain un rang de mottes.

CHAUMES.

L'avoine et l'orge se coupent ras terre et sans qu'il soit laissé de chaume.

Le froment, le méteil et le seigle se coupent en laissant le chaume qui doit être du tiers de la longueur totale de la tige, depuis la racine jusqu'à la naissance de l'épi.

Le chaume, comme il est dit ci-dessus à l'assolement des lieux composés et des terres volantes, doit toujours être enlevé le 15 août.

ROUTOIRS.

Le fermier sortant conserve la jouissance des routoirs quand même ils seraient situés dans des prairies naturelles, jusqu'au 1er novembre, jour de sa sortie et même après, s'il n'a pu faire rouir tout son chanvre à cette époque.

Les routoirs doivent être constamment entretenus en bon état par le fermier et curés à ses frais la dernière année de sa jouissance, quelle que soit la durée du bail.

Les pierres et le bois nécessaires au rouissage sont censés appartenir au propriétaire, à moins que le fermier ne justifie les avoir fournis.

PLANTATIONS SUR FOSSÉS MITOYENS.

Les copropriétaires d'un fossé mitoyen plantent ordinairement des arbres, chacun de son côté, sans observer la distance légale.

Ces plantations doivent être maintenues tant que le fossé existe comme mitoyen; mais chacun des copropriétaires a toujours le droit de contraindre le voisin à éloigner ses arbres s'ils s'étendent au-dessus de son terrain.

ARBRES MUTUELS.

Un arbre est réputé mutuel lorsque la ligne séparative des deux héritages coupe son tronc au collet (c'est-à-dire à la naissance des racines) en totalité ou en partie.

SAPINS.

Lorsque le fermier a le droit d'éclaircir et d'élaguer les sapins, il doit laisser les plus beaux pieds à une distance moyenne de $0^m,50$ les uns des autres jusqu'à sept ans, et de 1^m au-dessus de sept ans.

Et, quant à l'élagage, il doit laisser jusqu'à sept ans trois couronnes et la tige, et au-dessus de sept ans, quatre couronnes et la tige.

BRUYÈRES, AJONCS, LITIÈRES.

Les bruyères seules ou mêlées d'ajoncs ont leurs sèves comme les bois; elles ne peuvent être coupées que tous les trois ans, du 1er octobre au 1er avril.

Dans les lieux composés elles sont considérées comme litière et ne peuvent être ni vendues ni enlevées.

Il en est de même des feuilles ou barbes des sapins.

Quant aux feuilles des taillis, elles ne peuvent être ramassées ni enlevées des taillis qu'avec le consentement du propriétaire et constituent aussi des litières quand cette autorisation est donnée.

Les ajoncs des haies sont considérés comme bois de chauffage et se coupent à cinq ans comme les épines.

CONTRE-MUR.

Celui qui veut établir une fosse d'aisance, une fosse à fumier ou un dépôt de matières corrosives doit établir le long du voisin un contre-mur en pierre dure, avec mortier de chaux, de $0^m,50$ d'épaisseur.

Entre une fosse à fumier ou une fosse d'aisance et un puits le contre-mur et le fond de la fosse doivent être imperméables.

Pour un four, une forge ou des fourneaux on doit laisser entre le contre-mur (qui peut n'être que de $0^m,33$) et le mur du voisin, un espace vide $0^m,16$ au moins.

MARES ET ABREUVOIRS.

Les mares et abreuvoirs doivent être curés par le fermier une fois au moins dans un bail de sept ou neuf ans. Les boues en provenant sont considérées comme engrais et doivent être employées sur la ferme. Lorsque les mares ou abreuvoirs sont communs, le curage et le partage des boues se fait par tous les intéressés en proportion de leurs droits.

Il est interdit de laisser aller les oies et les canards dans un abreuvoir commun.

CURAGE DES RUISSEAUX.

Le curage des ruisseaux, toutes les fois qu'il est ordonné par l'Administration, est à la charge du propriétaire; mais le fauchage des herbes et le simple nettoyage sont à la charge du fermier.

FAGOTS ET BOURRÉES.

Les fagots et bourrées se vendent au cent; on donne cent quatre au cent.

Le cotret ou fagot à deux liens doit avoir $0^m,89$ de contour et $1^m,66$ de longueur de triques.

La bourrée ou fagot à un lien seulement a le même contour, mais la trique n'est que de $1^m,33$ de longueur.

Mesures locales.

La boisselée, mesure des terres.

La boisselée est, à Corné, de 6 ares 59 centiares, et, dans tout le reste du canton, de 5 ares 50 centiares.

L'arpent, mesure des terres.

L'arpent est de 65 ares 95 centiares ou de 10 boisselées, à Corné, et de 12 boisselées ailleurs.

Le quartier, mesure employée pour les vignes seulement.

Le quartier est du quart de l'arpent ou 16 ares 50 centiares.

Le cent, terme de pesanteur. Marchandises vendues au cent.

On entend 100 livres anciennes ou 50 kilogrammes.

Le boisseau ou double décalitre, vingt litres.

Tous les grains se mesurent *ras;* les pommes de terre, les pommes, les oignons, les châtaignes, les noix se mesurent *comble.*

La corde, mesure de bois de chauffage.

Elle représente 3 mètres 551 décimètres cubes, et est composée de bûches de 0m,89 de longueur et doit avoir 2m,66 de couche sur 1m,50 de hauteur.

Les bûches doivent être cassées de façon à ce qu'un homme seul puisse les charger sur une charrette.

La charretée, mesure de la paille et du foin.

Elle comprend 1560 livres ou 780 kilogrammes; à Corné, 1050 kilogrammes.

La charretée, mesure de bruyères, se compose de 104 monceaux.

L'aune, ancienne mesure de la toile.

Elle est de 1m,20.

La toise.

La toise de longueur, 2m.
La toise superficielle, 4m carrés.
La toise cube, 8m cubes.

La busse, mesure du vin.

Elle contient, savoir : pour le vin blanc, 230 litres.
— pour le vin rouge, 220 litres.

Le quart, moitié de la busse.

Contient, savoir : pour le vin blanc, 115 litres.
— pour le vin rouge, 110 litres.

Approbation par la Commission.

Les membres sus-nommés, composant la Commission, tous présents, après avoir pris communication et lecture du recueil qui précède et l'avoir médité dans son ensemble comme dans toutes ses parties, ont déclaré qu'il contient bien l'expression de leurs délibérations et l'ont approuvé et arrêté définitivement.

En conséquence et conformément à l'arrêté

de M. le Préfet de Maine-et-Loire, en date du 20 août 1875, ci-dessus relaté, ils ont décidé qu'une expédition signée du Président et du Secrétaire, serait transmise dans le plus bref délai à M. le Préfet, pour être soumise à l'approbation d'une Commission départementale.

Et tous les membres de la Commission ont signé.

Clos et arrêté à la Justice de paix de Beaufort, le dix-neuf février mil huit cent soixante-seize.

La minute est signée :

Dehau.	Riobé.
De Livonnière.	Menou.
Morancé.	Maillet.
Rogeron.	Leproust.
Coudrier.	

POUR COPIE CONFORME :

Le Secrétaire, RIOBÉ.

Le Président, DEHAU.

La Commission centrale nommée par M. le Préfet de Maine-et-Loire, sous la présidence de M. Bourcier, Président de chambre à la Cour d'appel d'Angers, a proposé quelques modifications au travail présenté par la Commission cantonale et celle-ci s'étant réunie, le 15 novembre 1876, a approuvé les modifications proposées.

TABLE ALPHABÉTIQUE

ANGERS, IMPRIMERIE P. LACHÈSE, BELLEUVRE ET DOLBEAU.

www.ingramcontent.com/pod-product-compliance
Ingram Content Group UK Ltd.
Pitfield, Milton Keynes, MK11 3LW, UK
UKHW021014200726
13857UKWH00004B/1445